So wird es gemacht:

Öffne das miniLÜK®-Lösungsgerät und lege die Plättchen in den unbedruckten Deckel! Jetzt kannst du auf den Plättchen und im Geräteboden die Zahlen 1 bis 12 sehen.

Beispiel: Seite 2
Die Zahlen bis 1000

Nimm das Plättchen 1 und sieh dir Aufgabe 1 an! Wie viele **H**underterplatten, **Z**ehnerstangen und **E**inzelne sind das? Suche nun in der Lösungsspalte die richtige Antwort. Neben der Antwort steht die Zahl **6**. Die 6 ist auch die Feldzahl im Lösungsgerät, auf die du das Plättchen 1 legst, also Plättchen 1 auf das Feld 6 im Geräteboden!
Die Zahl **1** muss nach oben zeigen.

So arbeitest du weiter, bis alle Plättchen im Geräteboden liegen. Schließe dann das Gerät und drehe es um! Öffne es von der Rückseite!

Wenn du das bei der Übungsreihe abgebildete Lösungsmuster siehst, hast du alle Aufgaben richtig gelöst.

Passen einige Plättchen nicht in das Muster, dann hast du dort Fehler gemacht. Drehe diese Plättchen da, wo sie liegen, um, schließe das Gerät, drehe es um und öffne es wieder! Jetzt kannst du sehen, welche Aufgaben du falsch gelöst hast. [illegible]m diese Plättchen herum [illegible] die richtigen Ergebnisse [illegible] Kontrolliere [illegible] einmal: Stimmt [illegible] Muster?
Das System ist für alle Übungen gleich: Die roten Aufgabennummern im Heft entsprechen immer den miniLÜK-Plättchen aus dem Lösungsgerät.
Die Feldzahlen bei den Lösungen sagen dir, auf welche Felder im Lösungsgerät die Plättchen gelegt werden.

Und nun viel Spaß!

Dieses Papier wurde aus chlorfrei gebleichtem Zellstoff hergestellt.

Die Zahlen bis 1000

Tausender	Hunderter	Zehner	Einer
1000 Würfel	100 Würfel	10 Würfel	1 Würfel

Wie viele **H**underterplatten, **Z**ehnerstangen und **E**inzelne sind das?

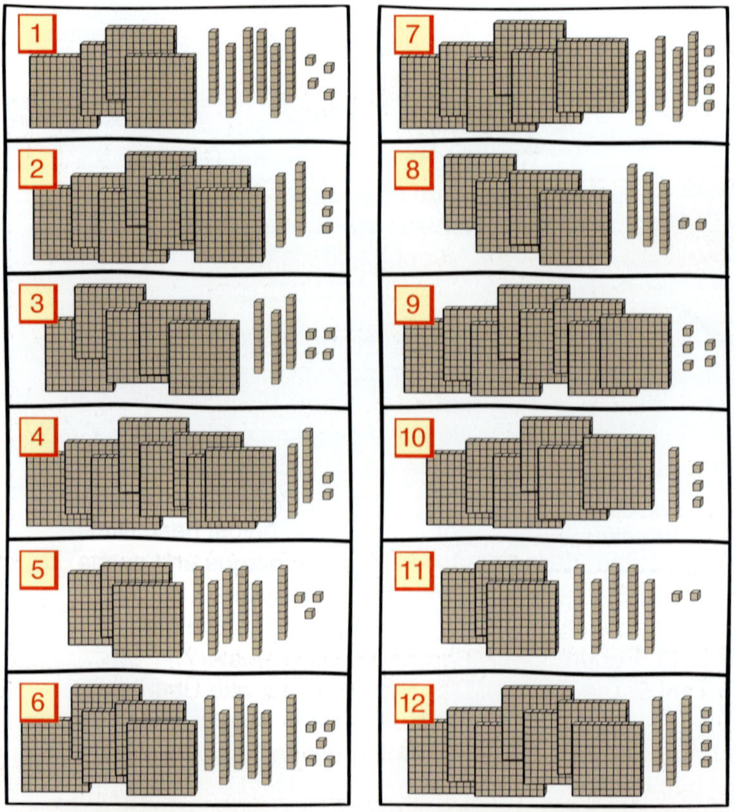

Lösung	Feld
3H 5Z 2E	2
3H 6Z 3E	7
4H 3Z 2E	10
4H 6Z 4E	6
5H 3Z 4E	1
5H 6Z 5E	3
6H 1Z 3E	12
6H 4Z 4E	5
7H 2Z 3E	4
7H 3Z 4E	9
8H 0Z 5E	8
8H 2Z 2E	11

Wie heißt die Zahl?

1 3H 2Z 4E	5 4H 6Z 5E	9 2H 3Z 4E
2 7H 2Z 4E	6 3H 4Z 2E	10 6H 4Z 0E
3 5H 0Z 6E	7 4H 5Z 6E	11 7H 4Z 2E
4 2H 4Z 3E	8 5H 6Z 4E	12 6H 5Z 3E

Lösung	234	243	324	342	456	465	506	564	640	653	724	742
Feld	1	6	11	9	12	2	8	4	5	3	10	7

Zahlenaufbau mit Hundertern, Zehnern und Einern

Beispiel:

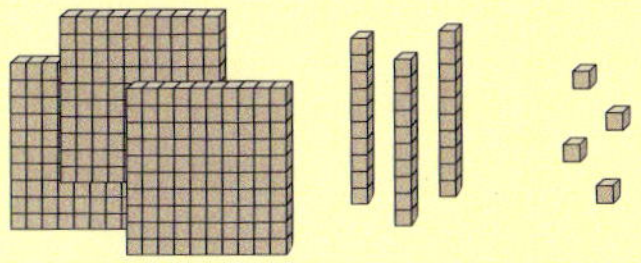

300 + 30 + **4** = 334

Beispiel:

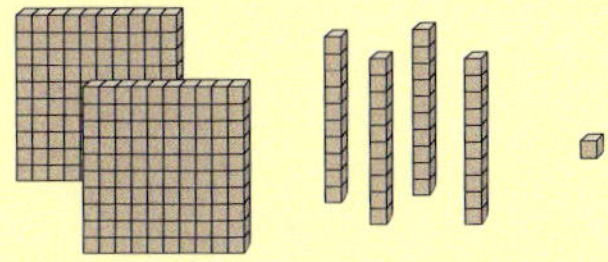

200 + **40** + 1 = 241

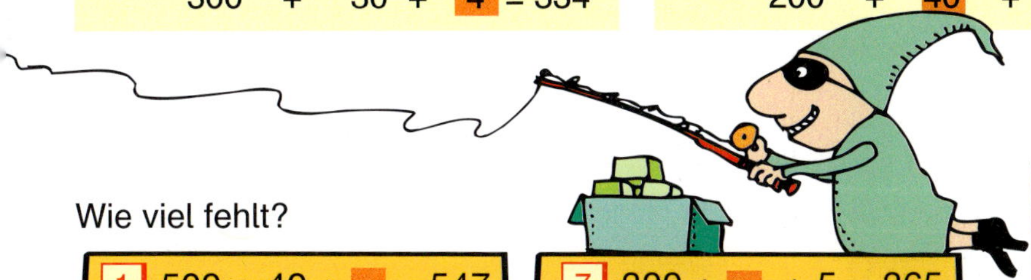

Wie viel fehlt?

1	500 + 40 + ___ = 547
2	700 + 30 + ___ = 733
3	400 + 50 + ___ = 454
4	600 + 70 + ___ = 676
5	800 + 60 + ___ = 862
6	300 + 20 + ___ = 325
7	300 + ___ + 5 = 365
8	900 + ___ + 4 = 924
9	600 + ___ + 2 = 652
10	500 + ___ + 6 = 536
11	600 + ___ + 3 = 673
12	400 + ___ + 7 = 447

Lösung	Feld
2	11
3	10
4	5
5	9
6	7
7	2
20	4
30	8
40	3
50	12
60	1
70	6

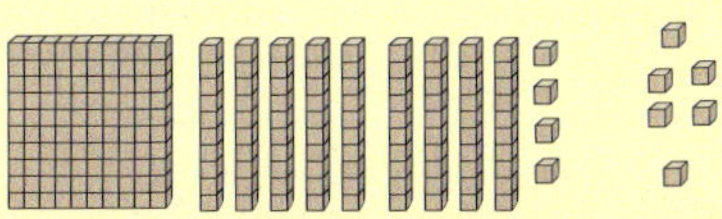

194 + **6** = 200

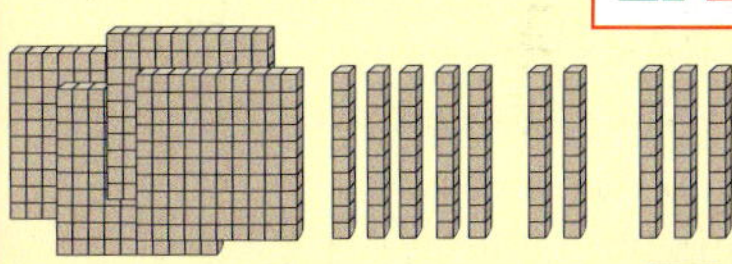

470 + **30** = 500

Ergänze bis zur Hunderterzahl.

1	495 + ___ = 500
2	493 + ___ = 500
3	496 + ___ = 500
4	797 + ___ = 800
5	794 + ___ = 800
6	792 + ___ = 800
7	580 + ___ = 600
8	550 + ___ = 600
9	570 + ___ = 600
10	840 + ___ = 900
11	890 + ___ = 900
12	860 + ___ = 900

Lösung	Feld
3	2
4	10
5	7
6	4
7	5
8	12
10	3
20	8
30	9
40	6
50	11
60	1

Der Zahlenstrahl bis 1000 – Nachbarzahlen und Nachbarzehner

Beispiel: 447 **448** 449

Vorgänger Nachfolger

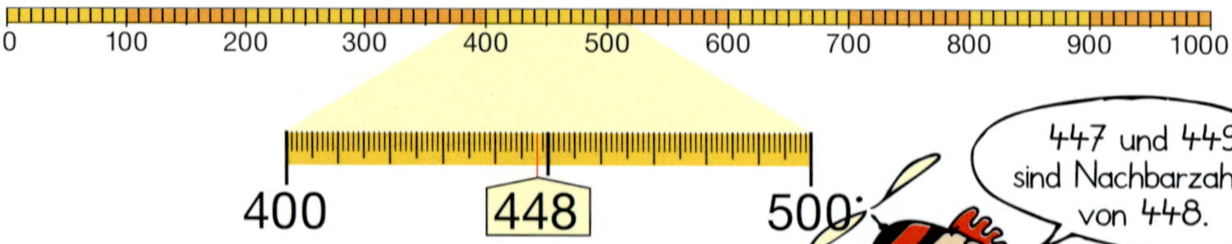

Welche Zahl ist der Vorgänger oder Nachfolger?

1	___, 611, 612	5	___, 799, 800	9	___, 300, 301
2	488, 489, ___	6	553, 554, ___	10	634, 635, ___
3	___, 777, 778	7	___, 350, 351	11	___, 529, 530
4	399, 400, ___	8	650, 651, ___	12	452, 453, ___

Lösung	299	349	401	454	490	528	555	610	636	652	776	798
Feld	5	9	3	8	1	11	2	4	10	7	6	12

Beispiel: 460 **464** 470

Nachbarzehner Nachbarzehner

Suche den fehlenden Nachbarzehner.

1	784	790	5	466	470	9	551	560
530	535	2	570	579	6	760	769	10
3	653	660	7	741	750	11	606	610
670	679	4	400	403	8	480	489	12

Lösung	410	460	490	540	550	580	600	650	680	740	770	780
Feld	9	8	10	3	1	4	7	2	6	12	11	5

Runden

So runden wir auf Zehner:

454 ≈ 450

475 ≈ 480

Runde auf Zehner.

1 283 ≈	5 467 ≈	9 208 ≈
2 378 ≈	6 395 ≈	10 461 ≈
3 296 ≈	7 288 ≈	11 394 ≈
4 414 ≈	8 425 ≈	12 227 ≈

Lösung	210	230	280	290	300	380	390	400	410	430	460	470
Feld	6	7	10	3	11	8	12	1	9	2	4	5

So runden wir auf Hunderter:

438 ≈ 400 450 ≈ 500

Runde auf Zehner... ...und auf Hunderter.

1 789 ≈	5 450 ≈	9 449 ≈
2 245 ≈	6 244 ≈	10 794 ≈
3 613 ≈	7 339 ≈	11 690 ≈
4 954 ≈	8 945 ≈	12 609 ≈

Lösung	200	250	300	400	500	600	610	700	790	800	900	950
Feld	12	11	2	9	4	6	10	3	7	1	5	8

Geldbeträge bis 1000 Euro

Wie viel € sind das?

1
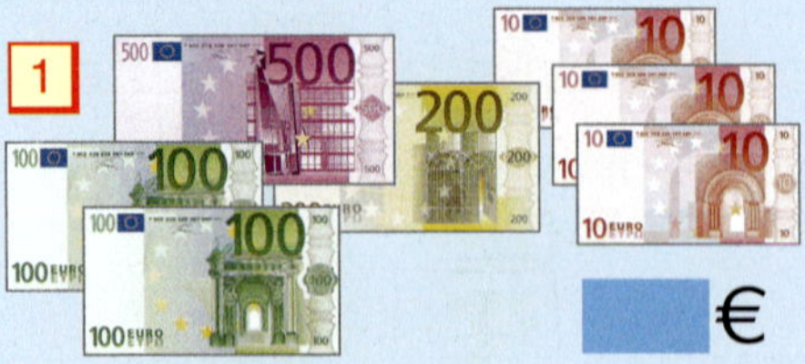
___ €

2

___ €

3

___ €

4

___ €

5

___ €

6

___ €

7

___ €

8

___ €

9

___ €

10

___ €

11

___ €

12

___ €

Lösung	620	640	680	730	760	770	810	850	880	900	930	1000
Feld	1	9	12	7	6	2	11	4	5	8	3	10

Wie viel € sind das?

1	600 € + 100 € + 80 € = ___ €	7	400 € + 100 € + 40 € = ___ €
2	400 € + 400 € + 50 € = ___ €	8	500 € + 200 € + 20 € = ___ €
3	300 € + 200 € + 20 € = ___ €	9	500 € + 400 € + 40 € = ___ €
4	400 € + 200 € + 30 € = ___ €	10	300 € + 300 € + 70 € = ___ €
5	500 € + 100 € + 50 € = ___ €	11	500 € + 300 € + 60 € = ___ €
6	600 € + 300 € + 30 € = ___ €	12	400 € + 300 € + 10 € = ___ €

Lösung	520	540	630	650	670	710	720	780	850	860	930	940
Feld	2	12	6	8	11	9	10	5	4	7	3	1

Beispiel: 300 € + ___ € = 400 €

Wie viel € fehlen?

1	200 € + ___ € = 400 €	5	870 € + ___ € = 900 €	9	220 € + ___ € = 300 €
2	430 € + ___ € = 500 €	6	400 € + ___ € = 700 €	10	950 € + ___ € = 1000 €
3	960 € + ___ € = 1000 €	7	140 € + ___ € = 200 €	11	480 € + ___ € = 500 €
4	510 € + ___ € = 600 €	8	790 € + ___ € = 800 €	12	800 € + ___ € = 900 €

Lösung	10	20	30	40	50	60	70	80	90	100	200	300
Feld	11	1	8	2	3	4	5	7	10	6	9	12

1	520 + 50 =
2	530 + 50 =
3	540 + 50 =
4	350 + 40 =
5	350 + 60 =
6	350 + 80 =
7	460 + 30 =
8	480 + 30 =
9	500 + 30 =
10	360 + 20 =
11	360 + 40 =
12	360 + 60 =

Lösung	Feld
380	1
390	2
400	9
410	10
420	6
430	12
490	8
510	11
530	3
570	7
580	5
590	4

1	580 + 3 =	7	270 + 6 =
2	580 + 30 =	8	270 + 60 =
3	580 + 300 =	9	270 + 600 =
4	360 + 5 =	10	490 + 2 =
5	360 + 50 =	11	490 + 20 =
6	360 + 500 =	12	490 + 200 =

Lösung	Feld
276	9
330	2
365	3
410	5
492	10
510	6
583	4
610	8
690	1
860	7
870	12
880	11

Lösung	Feld
490	9
500	12
510	7
530	5
550	3
560	10
570	2
580	6
590	11
600	8
610	4
630	1

1. 650 – 50 = ☐
2. 630 – 50 = ☐
3. 610 – 50 = ☐
4. 670 – 40 = ☐
5. 650 – 40 = ☐
6. 630 – 40 = ☐
7. 550 – 40 = ☐
8. 550 – 50 = ☐
9. 550 – 60 = ☐
10. 600 – 30 = ☐
11. 600 – 50 = ☐
12. 600 – 70 = ☐

Lösung	Feld
310	1
330	8
340	2
420	7
510	3
528	11
580	9
607	12
780	5
790	6
816	4
835	10

1. 530 – 200 = ☐
2. 530 – 20 = ☐
3. 530 – 2 = ☐
4. 820 – 400 = ☐
5. 820 – 40 = ☐
6. 820 – 4 = ☐
7. 610 – 300 = ☐
8. 610 – 30 = ☐
9. 610 – 3 = ☐
10. 840 – 500 = ☐
11. 840 – 50 = ☐
12. 840 – 5 = ☐

1	450 + 20 =	
2	450 – 20 =	
3	500 + 50 =	
4	500 – 50 =	
5	650 + 50 =	
6	650 – 50 =	
7	660 + 30 =	
8	660 – 30 =	
9	560 + 80 =	
10	560 – 80 =	
11	580 + 40 =	
12	580 – 40 =	

Lösung	430	450	470	480	540	550	600	620	630	640	690	700
Feld	7	12	11	5	2	9	8	4	1	10	6	3

1	620 – 70 =	
2	620 + 70 =	
3	470 – 30 =	
4	470 + 30 =	
5	590 – 10 =	
6	590 + 10 =	
7	710 – 90 =	
8	710 + 90 =	
9	430 – 40 =	
10	430 + 40 =	
11	340 – 60 =	
12	340 + 60 =	

Lösung	280	390	400	440	470	500	550	580	600	620	690	800
Feld	8	2	10	7	6	5	12	1	4	11	3	9

Rechnen mit Zahlenmauern

1

500
300 | 200
250 | 50 | 150

Rechne so:
250 + 50 = 300
50 + 150 = 200
300 + 200 = 500

Lege Plättchen 1 in Feld 6.

Welche Zahlen fehlen in der Spitze und in den Mauern?

1: [ ] / [ ] [ ] / 250 | 50 | 150

2: [ ] / [ ] [ ] / 200 | 200 | 200

3: [ ] / [ ] [ ] / 590 | 10 | 40

4: [ ] / [ ] [ ] / 220 | 80 | 320

5: [ ] / [ ] [ ] / 410 | 30 | 20

6: [ ] / [ ] [ ] / 400 | 200 | 100

840 / 7 | 200 / 540 | 8 | 100

600 / 400 | 10 / 9 | 60 | 140

12 / 600 | 130 / 11 | 50 | 80

Lösung	Feld
100	8
200	12
340	10
490	3
500	6
550	4
640	11
650	9
700	5
730	7
800	2
900	1

1

600
1 | 100
440 | 2 | 40

Rechne so: 600 − 100 = 500
oder 100 + 500 = 600

Welche Zahlen fehlen hier?

600 / 1 | 100 / 440 | 2 | 40

780 / 760 | 4 / 3 | 10 | 10

5 / 300 | 100 / 230 | 6 | 30

330 / 7 | 50 / 240 | 40 | 8

500 / 50 | 10 / 10 | 9 | 410

12 / 680 | 90 / 11 | 70 | 20

Lösung	Feld
10	2
20	11
40	10
60	8
70	7
280	5
400	3
450	6
500	12
610	4
750	9
770	1

Rechnen mit Rechenrädern und Rechenhäusern

1 80 + 420 = 500 oder 500 – 80 = 420
Lege Plättchen 1 in Feld 1.

Lösung	30	40	50	60	70	80	420	450	460	510	580	590
Feld	8	9	10	4	3	7	1	12	6	5	11	2

Ergänze zur Zahl im Dach.

Lösung	200	220	250	300	400	470	500	530	590	600	640	700
Feld	4	11	6	1	3	12	10	5	8	2	7	9

Rechenketten

Finde das Ende der Ketten.

Nr.	Start								
1	300	+ 400		– 50		+ 30		– 20	
2	500	– 100		+ 50		– 40		+ 80	
3	200	+ 300		– 80		+ 70		– 60	
4	600	– 200		+ 70		– 20		+ 30	
5	550	+ 50		– 100		+ 50		– 100	
6	420	– 20		+ 90		– 70		+ 40	
7	260	+ 40		– 200		+ 500		– 80	
8	680	– 30		+ 30		– 70		+ 60	
9	440	+ 160		– 90		+ 30		– 100	
10	930	– 230		+ 40		– 400		+ 70	
11	550	+ 250		– 70		+ 40		– 200	
12	890	– 300		+ 60		– 300		+ 70	

Lösung	410	420	430	440	450	460	480	490	520	570	660	670
Feld	6	3	7	2	1	9	5	10	11	8	12	4

Rechenwege beim Addieren

Beispiel: 497+ 24 = ▢

1 247 + 9 = ▢	5 335 + 47 = ▢	9 296 + 70 = ▢
2 247 + 39 = ▢	6 535 + 47 = ▢	10 296 + 78 = ▢
3 347 + 39 = ▢	7 535 + 37 = ▢	11 196 + 78 = ▢
4 547 + 39 = ▢	8 435 + 27 = ▢	12 396 + 78 = ▢

Lösung	256	274	286	366	374	382	386	462	474	572	582	586
Feld	9	11	1	5	3	12	6	7	8	4	2	10

1 445 + 4 = ▢	7 363 + 4 = ▢
2 445 + 40 = ▢	8 363 + 40 = ▢
3 445 + 400 = ▢	9 363 + 400 = ▢
4 445 + 500 = ▢	10 336 + 400 = ▢
5 445 + 50 = ▢	11 336 + 40 = ▢
6 445 + 5 = ▢	12 336 + 4 = ▢

Lösung	Feld
340	3
367	8
376	11
403	4
449	7
450	9
485	10
495	6
736	1
763	5
845	12
945	2

Rechenwege beim Subtrahieren

Beispiel: 527 – 35 = ☐

1	569 – 8 = ☐	5	367 – 44 = ☐
2	569 – 38 = ☐	6	567 – 44 = ☐
3	369 – 38 = ☐	7	567 – 34 = ☐
4	469 – 38 = ☐	8	467 – 24 = ☐

9	435 – 50 = ☐
10	435 – 53 = ☐
11	335 – 53 = ☐
12	535 – 53 = ☐

Lösung	282	323	331	382	385	431	443	482	523	531	533	561
Feld	3	4	10	5	9	12	1	2	8	7	6	11

1	759 – 5 = ☐	7	878 – 6 = ☐
2	759 – 50 = ☐	8	878 – 60 = ☐
3	759 – 500 = ☐	9	878 – 600 = ☐
4	759 – 400 = ☐	10	878 – 700 = ☐
5	759 – 40 = ☐	11	878 – 70 = ☐
6	759 – 4 = ☐	12	878 – 7 = ☐

Lösung	Feld
178	1
259	12
278	11
359	8
709	4
719	6
754	7
755	3
808	5
818	10
871	9
872	2

Addieren mit Rechenvorteil

Beispiel: 539+ 45 = ▢

540 + 44 = 584

540 − 1 + 45 = ▢
540 + 45 − 1 = ▢
585 − 1 = 584

1 369 + 15 = ▢	5 268 + 27 = ▢	9 384 + 29 = ▢
2 429 + 24 = ▢	6 548 + 46 = ▢	10 223 + 79 = ▢
3 549 + 33 = ▢	7 378 + 85 = ▢	11 536 + 89 = ▢
4 359 + 42 = ▢	8 488 + 31 = ▢	12 415 + 99 = ▢

Lösung	295	302	384	401	413	453	463	514	519	582	594	625
Feld	1	6	12	5	2	4	11	9	10	7	3	8

1 666 + 68 = ▢	5 749 + 88 = ▢	9 699 + 212 = ▢
2 683 + 38 = ▢	6 679 + 67 = ▢	10 499 + 431 = ▢
3 845 + 78 = ▢	7 899 + 39 = ▢	11 599 + 325 = ▢
4 734 + 98 = ▢	8 689 + 55 = ▢	12 799 + 143 = ▢

Lösung	721	734	744	746	832	837	911	923	924	930	938	942
Feld	11	7	5	12	8	10	3	4	9	1	2	6

Subtrahieren mit Rechenvorteil

Beispiel: 626 – 49 = ☐

1 504 – 9 = ☐	5 484 – 68 = ☐	9 627 – 69 = ☐
2 504 – 19 = ☐	6 687 – 78 = ☐	10 515 – 49 = ☐
3 504 – 29 = ☐	7 541 – 58 = ☐	11 616 – 99 = ☐
4 504 – 39 = ☐	8 683 – 88 = ☐	12 434 – 79 = ☐

Lösung	355	416	465	466	475	483	485	495	517	558	595	609
Feld	1	9	11	6	3	5	8	12	10	4	2	7

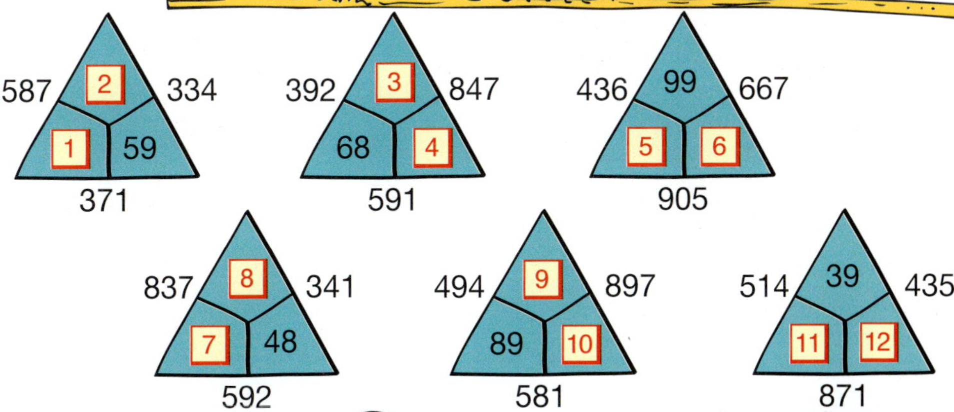

Lösung	275	293	312	324	337	396	405	475	492	523	544	568
Feld	3	9	7	12	6	10	5	11	1	2	8	4

Rechnen mit Rechendreiecken

Rechne so:

[1] 200 + ▭ = 570
200 + 370 = 570

Oder rechne so:

570 – 200 = ▭
570 – 200 = 370

Lege Plättchen [1] in Feld 6.

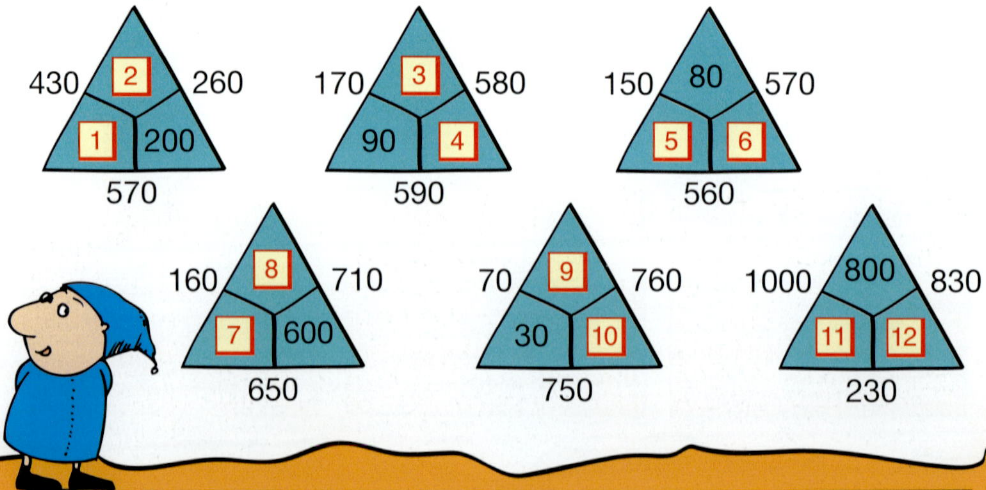

Lösung	30	40	50	60	70	80	110	200	370	490	500	720
Feld	7	9	5	8	4	10	2	3	6	1	11	12

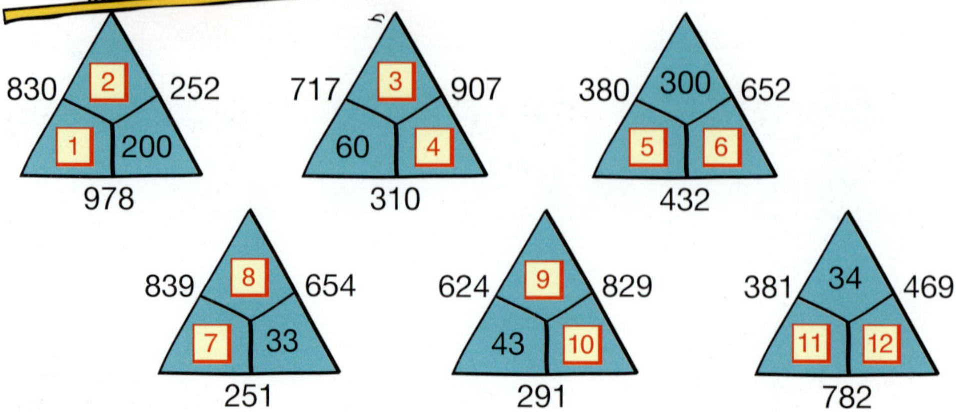

Lösung	52	80	218	248	250	347	352	435	581	621	657	778
Feld	2	11	4	3	10	6	7	1	12	8	5	9

Nr.	Aufgabe	<	=	>
1	360 + 40 ○ 420	1	10	4
2	370 + 50 ○ 420	7	11	5
3	380 + 60 ○ 450	9	12	4
4	390 + 70 ○ 450	11	2	8
5	450 + 50 ○ 500	8	3	6
6	460 + 50 ○ 500	11	8	6
7	470 + 50 ○ 530	2	5	10
8	480 + 50 ○ 530	12	5	2
9	670 + 80 ○ 740	3	6	10
10	660 + 80 ○ 740	3	7	1
11	650 + 80 ○ 720	1	9	4
12	640 + 80 ○ 730	12	9	7

Nr.	Aufgabe	<	=	>
1	540 – 40 ○ 500	7	5	6
2	540 – 50 ○ 500	10	12	9
3	540 – 60 ○ 460	9	5	2
4	540 – 80 ○ 460	7	12	11
5	630 – 60 ○ 580	8	2	10
6	630 – 40 ○ 580	3	1	9
7	630 – 50 ○ 580	8	6	3
8	630 – 70 ○ 580	4	5	6
9	420 – 90 ○ 340	7	2	4
10	430 – 80 ○ 340	8	1	11
11	440 – 70 ○ 370	12	1	11
12	450 – 60 ○ 380	4	10	3

Längen: Kilometer und Meter

1 km = 1000 m

Ergänze. Wie viel m fehlen bis 1 km?

1 640 m + ☐ m

2 820 m + ☐ m

3 150 m + ☐ m

4 750 m + ☐ m

5 260 m + ☐ m

6 457 m + ☐ m

7 218 m + ☐ m

8 605 m + ☐ m

9 ☐ m + 863 m

10 595 m + ☐ m

11 ☐ m + 430 m

12 376 m + ☐ m

Lösung	137	180	250	360	395	405	543	570	624	740	782	850
Feld	8	3	11	12	9	6	4	2	10	1	5	7

Wie groß sind die Höhenunterschiede?

990 m	990 m
1 ☐ m	2 ☐ m
930 m	915 m

679 m	679 m
7 ☐ m	8 ☐ m
530 m	330 m

790 m	790 m
3 ☐ m	4 ☐ m
723 m	623 m

540 m	440 m
9 ☐ m	10 ☐ m
387 m	387 m

865 m	865 m
5 ☐ m	6 ☐ m
822 m	722 m

585 m	585 m
11 ☐ m	12 ☐ m
474 m	374 m

Lösung	43	53	60	67	75	111	143	149	153	167	211	349
Feld	10	5	11	4	1	9	8	12	3	6	2	7

Längen: Meter, Zentimeter und Millimeter

So geht das:

1 4 m 40 cm = ___ cm
400 cm + 40 cm = 440 cm
Lege Plättchen 1 in Feld 3.

2 4 m 40 cm = 440 cm = 4,40 m
Lege Plättchen 2 in Feld 6.

1 m = 100 cm = 1,00 m

Wie viel cm und wie viel m sind das?

4 m 40 cm = [1] cm = [2] m	5 m 6 cm = [7] cm = [8] m
3 m 50 cm = [3] cm = [4] m	4 m 4 cm = [9] cm = [10] m
5 m 60 cm = [5] cm = [6] m	3 m 70 cm = [11] cm = [12] m

Lösung	3,50	3,70	4,04	4,40	5,06	5,60	350	370	404	440	506	560
Feld	4	11	9	6	12	5	1	8	2	3	10	7

1 cm = 10 mm

Wie viel mm sind das?

1 2 cm 5 mm = ___ mm	7 30 cm 2 mm = ___ mm
2 20 cm 4 mm = ___ mm	8 5 cm 3 mm = ___ mm
3 5 cm 4 mm = ___ mm	9 40 cm 3 mm = ___ mm
4 4 cm 5 mm = ___ mm	10 3 cm 4 mm = ___ mm
5 40 cm 5 mm = ___ mm	11 4 cm 2 mm = ___ mm
6 50 cm 4 mm = ___ mm	12 20 cm 5 mm = ___ mm

Lösung	Feld
25	4
34	10
42	12
45	3
53	2
54	11
204	8
205	7
302	9
403	6
405	5
504	1

Rechnen mit Geld – mit und ohne Komma

Rechne so:

1 3 € 24 ct = 3,24 €

Lege Plättchen 1 in Feld 5.

Wie viel € sind das in Kommaschreibweise?

3	18 € 27 ct =	€
4	51 € 5 ct =	€
5	31 € =	€
6	87 € 20 ct =	€
7	32 € 4 ct =	€
8	13 € 42 ct =	€
9	55 ct =	€
10	80 € 7 ct =	€
11	8 € 72 ct =	€
12	15 € 5 ct =	€

Lösung	0,55	3,24	8,72	13,42	15,05	18,27	31,00	32,04	50,15	51,05	80,07	87,20
Feld	4	5	10	1	8	3	9	6	7	12	11	2

So geht das:

1 200 € + 100 € = 300 €
30 € + 50 € = 80 €
4 € + 2 € = 6 €
386 €

Oder so:

234 € + 100 € = 334 €
334 € + 50 € = 384 €
384 € + 2 € = 386 €

Lege Plättchen 1 in Feld 2. Rechne weiter.

1	234 € + 152 € =	€
2	467 € + 131 € =	€
3	225 € + 234 € =	€
4	423 € + 211 € =	€
5	152 € + 141 € =	€
6	414 € + 113 € =	€

7	145 € + 423 € =	€
8	373 € + 312 € =	€
9	146 € + 342 € =	€
10	137 € + 114 € =	€
11	123 € + 225 € =	€
12	214 € + 251 € =	€

Lösung	251	293	348	386	459	465	488	527	568	598	634	685
Feld	8	11	12	2	5	4	6	10	7	9	1	3

Schriftliches Addieren

Beispiel:

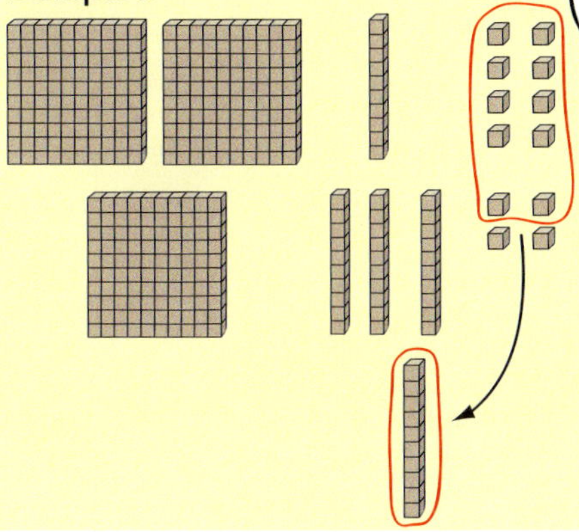

	H	Z	E
	2	1	8
+	1	3	4
	3	4	1 2
		1	
	3	5	2

Schreibe die Aufgaben ins Heft und rechne dort.

Nr.	Aufgabe
1	H Z E: 627 + 337
2	H Z E: 627 + 327
3	H Z E: 826 + 129
4	H Z E: 836 + 129
5	584 + 368
6	584 + 378
7	689 + 255
8	689 + 285
9	786 + 155
10	796 + 155
11	464 + 499
12	444 + 499

Lösung	Feld
941	9
943	12
944	2
951	7
952	4
954	11
955	10
962	6
963	3
964	1
965	8
974	5

Nr.	Aufgabe
1	418 + 212
2	428 + 214
3	438 + 216
4	448 + 218
5	388 + 275
6	390 + 275
7	392 + 275
8	394 + 275
9	476 + 185
10	476 + 175
11	476 + 165
12	476 + 155

Lösung	Feld
630	4
631	11
641	8
642	12
651	10
654	7
661	2
663	1
665	5
666	3
667	9
669	6

Schriftliches Addieren mit Kommazahlen

So geht das:

1 ≈ 25 € + 7 € + 19 € = 51 €

Lege Plättchen 1 in Feld 10.

Überschlage nur.

1	24,93 € + 6,58 € + 19,45 € ≈ ___ €
2	5,98 € + 28,15 € + 7,11 € ≈ ___ €
3	11,45 € + 33,71 € + 4,10 € ≈ ___ €
4	14,60 € + 21,97 € + 9,55 € ≈ ___ €
5	43,44 € + 10,49 € + 15,80 € ≈ ___ €
6	13,32 € + 46,56 € + 12,89 € ≈ ___ €
7	8,30 € + 38,95 € + 1,28 € ≈ ___ €
8	5,35 € + 19,61 € + 34,75 € ≈ ___ €
9	11,05 € + 7,10 € + 48,79 € ≈ ___ €
10	13,20 € + 32,25 € + 0,55 € ≈ ___ €
11	3,12 € + 54,60 € + 18,45 € ≈ ___ €
12	19,50 € + 25,70 € + 9,99 € ≈ ___ €

Lösung	41	46	47	48	49	51	56	60	67	69	73	76
Feld	6	4	9	3	1	10	5	12	8	7	11	2

Schreibe die Aufgaben ins Heft und rechne dort.

1	265,65 € + 16,19 €	___ €
2	79,46 € + 109,35 €	___ €
3	275,13 € + 48,00 €	___ €
4	86,25 € + 97,98 €	___ €
5	136,75 € + 25,18 €	___ €
6	329,59 € + 38,08 €	___ €
7	137,81 € + 74,49 €	___ €
8	145,20 € + 59,95 €	___ €
9	99,37 € + 68,95 €	___ €
10	119,05 € + 32,99 €	___ €
11	178,32 € + 85,55 €	___ €
12	310,19 € + 64,45 €	___ €

Lösung	Feld
152,04	9
161,93	5
168,32	6
184,23	4
188,81	8
205,15	2
212,30	10
263,87	12
281,84	3
323,13	11
367,67	1
374,64	7

Gewichte: Kilogramm und Gramm

Ergänze:

1 750 g + ☐ g	5 360 g + ☐ g	9 ☐ g + 350 g
2 680 g + ☐ g	6 885 g + ☐ g	10 375 g + ☐ g
3 450 g + ☐ g	7 410 g + ☐ g	11 ☐ g + 280 g
4 770 g + ☐ g	8 765 g + ☐ g	12 325 g + ☐ g

Lösung	115	125	150	175	220	230	235	250	320	550	590	640
Feld	8	9	11	2	5	4	7	3	1	6	10	12

Wie groß ist der Unterschied?

550 g	1 g	370 g	790 g	5 g	530 g	420 g	9 g	750 g
560 g	2 g	480 g	525 g	6 g	155 g	290 g	10 g	455 g
825 g	3 g	345 g	630 g	7 g	540 g	175 g	11 g	615 g
620 g	4 g	365 g	815 g	8 g	685 g	570 g	12 g	920 g

Lösung	80	90	130	165	180	255	260	330	350	370	440	480
Feld	5	9	11	10	4	3	8	7	6	12	1	2

Zeitspannen: Stunden und Minuten

1 Stunde (h) = 60 Minuten (min)

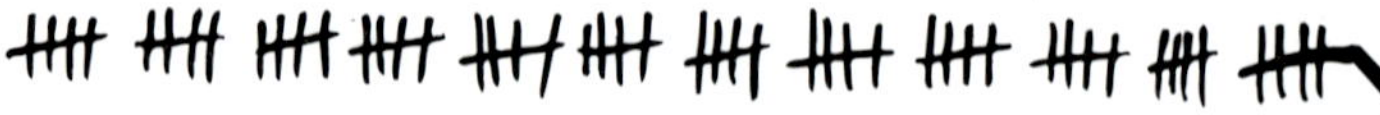

Wie viele Minuten dauert es?

1 von  bis 

2 von  bis 

3 von 06:25 bis 08:45

4 von 09:10 bis 12:25

5 von 07:35 Uhr bis 11:20 Uhr

6 von 19:55 Uhr bis 22:20 Uhr

7 von 17:20 Uhr bis 20:50 Uhr

8 von 12:10 Uhr bis 15:45 Uhr

9 von 20:15 Uhr bis 23:55 Uhr

10 von 08:05 Uhr bis 10:35 Uhr

11 von 16:40 Uhr bis 19:25 Uhr

12 von 14:35 Uhr bis 16:15 Uhr

Lösung	100	135	140	145	150	160	165	195	210	215	220	225
Feld	8	1	9	2	11	5	4	6	12	7	10	3

Wie viele Minuten sind das?

1	3 h 15 min	5	5 h 25 min	9	$3\frac{1}{2}$ h
2	2 h 50 min	6	4 h 15 min	10	$2\frac{3}{4}$ h
3	5 h 20 min	7	3 h 25 min	11	$4\frac{1}{2}$ h
4	4 h 35 min	8	2 h 55 min	12	$5\frac{1}{4}$ h

Lösung	165	170	175	195	205	210	255	270	275	315	320	325
Feld	3	8	2	9	4	12	7	6	10	1	11	5

Rechenwege beim halbschriftlichen Multiplizieren

Beispiel: 5 · 25 = ▢

Schreibe die Aufgaben ins Heft und rechne dort oder rechne im Kopf.

1. 9 · 35 = ▢
2. 9 · 53 = ▢
3. 2 · 69 = ▢
4. 2 · 96 = ▢
5. 7 · 48 = ▢
6. 7 · 84 = ▢
7. 6 · 58 = ▢
8. 6 · 85 = ▢
9. 3 · 83 = ▢
10. 3 · 38 = ▢
11. 5 · 72 = ▢
12. 5 · 27 = ▢

Lösung	114	135	138	192	249	315	336	348	360	477	510	588
Feld	3	12	2	10	1	9	8	4	7	5	11	6

1. 76 · 4 = ▢
2. 76 · 5 = ▢
3. 76 · 6 = ▢
4. 93 · 2 = ▢
5. 93 · 4 = ▢
6. 93 · 8 = ▢
7. 85 · 9 = ▢
8. 85 · 6 = ▢
9. 85 · 3 = ▢
10. 64 · 8 = ▢
11. 64 · 7 = ▢
12. 64 · 6 = ▢

Lösung	186	255	304	372	380	384	448	456	510	512	744	765
Feld	9	12	10	5	8	1	6	11	2	4	7	3

Rechenwege beim halbschriftlichen Dividieren

Beispiel: 636 : 3 = ☐

Rechne schrittweise im Heft oder im Kopf.

1. 96 : 3 = ☐
2. 96 : 4 = ☐
3. 88 : 8 = ☐
4. 88 : 4 = ☐
5. 296 : 4 = ☐
6. 296 : 8 = ☐
7. 504 : 7 = ☐
8. 504 : 8 = ☐
9. 780 : 5 = ☐
10. 780 : 6 = ☐
11. 594 : 2 = ☐
12. 594 : 3 = ☐

Lösung	11	22	24	32	37	63	72	74	130	156	198	297
Feld	1	5	4	6	3	10	11	7	12	2	9	8

1. 660 : 3 = ☐
2. 660 : 4 = ☐
3. 660 : 5 = ☐
4. 456 : 2 = ☐
5. 456 : 4 = ☐
6. 456 : 6 = ☐
7. 984 : 8 = ☐
8. 984 : 4 = ☐
9. 984 : 2 = ☐
10. 882 : 3 = ☐
11. 882 : 6 = ☐
12. 882 : 9 = ☐

Lösung	76	98	114	123	132	147	165	220	228	246	294	492
Feld	4	10	5	7	11	12	3	8	1	9	2	6